Марина Эскина

I0528136

длинные сумерки

стихи 2018 — 2023 гг.

IM PRESS

Бостон • 2024 • Boston

Марина Эскина Длинные сумерки. *Стихи*
Marina Eskina The Lingering Twilight. *Poetry*
(Dlinniye sumerki. *Stikhi*)

Copyright © 2024 by Marina Eskina

ISBN 978-1-960533-36-4

Published by M·Graphics, Boston, MA
   www.mgraphics-books.com
   mgraphics.books@gmail.com

Отпечатано в США с готового макета, подготовленного издательством «Книга Сефер», Израиль

ВОЛЬНОЕ КНИГО· ПЕЧАТА· НИЕ

"Дома нет места свободной русской речи,
она может раздаваться инде,
если только ее время пришло.
Открытая, вольная речь — великое дело;
без вольной речи — нет вольного человека.
Недаром за нее люди дают жизнь,
оставляют отечество, бросают достояние.
Открытое слово — торжественное
признание, переход в действие.
Время печатать по-русски вне России,
кажется нам, пришло".

ИСКАНДЕР (АЛЕКСАНДР ГЕРЦЕН)

Лондон, 21 февраля 1853.

*Памяти родителей –
Анны Перельман
и Виктора Эскина*

Марина Эскина

ДЛИННЫЕ СУМЕРКИ

стихи 2018 — 2023 гг.

КНИГА סֵפֶר

Израиль

2024

МАРИНА ЭСКИНА

ДЛИННЫЕ СУМЕРКИ

Стихи 2018 – 2023 гг.

*Автор сердечно благодарит
Михаила Рейза и Асю Векслер
за помощь в работе над книгой.*

Войны
холодные
ладони

■ ■ ■

Не смотрю утром новости, и без них узнаю —
все невинно убиенные уже в раю —
говорит мне огонь, который под сердцем в груди зажат, —
а убийцы — кто камнем лежит в земле,
кто разлагается заживо в своем кремле,
выстроились в очередь в ад.

Из прапамяти торчит арматура взорванных стен,
рассечённое время ничего не даёт взамен,
это мама, в придачу к теплу и ласке, мне
доверяет свою блокаду, хочет расквитаться со злом,
отодвигая ложь, защищает меня крылом
своей детской боли, в которой я, как в броне.

Мы с утра теперь не смотрим друг другу в глаза,
потому что взглядом не пересказать,
что случилось в этом безумном мире за́ ночь,
потому что «гибель богов» — это смерть детей,
и царапать ногтями грудь не поможет ей,
матери, что в живых осталась.

Даже у музыки не хватает в октавах нот,
кроны сломаны, сожжены, ветер в них не поёт,
дома нет, неужели цветы расцветут без спроса
там, где был палисадник, где нет сейчас ничего,
ни весны, ни пения птичьего,
только лакримоза.

Март 2022

■ ■ ■

1.

я — никто,
я — щепка, отлетевшая от разбитой
оконной рамы,
нас много, щепок;
дом стоит, как эксгибиционист,
демонстрируя свои интимные части
всему миру —
кухонные шкафчики,
невымытую посуду в раковине;
нет, это поруганная еврейка
в разодранной одежде,
бегущая, спотыкаясь, по улице,
подгоняемая улюлюканьем, взрывами
хохота/снарядов,
им обоим нечем прикрыть наготу;
сознание/память воспроизводит изображения
снова и снова
и деревенеет,
я щепка,
я никто.

2.

Я могу только запинаться
и ответить воющей заумью
на зияющий ужас ясности,
отражённый твоими глазами,
нет, не сто, десять тысяч лет назад,
мир, ты так же сегодня чудовищен...
ямб, хорёк, амфибия... что ещё
дыр бул щыр я могу сказать

Апрель 2022

■ ■ ■

Семь страшных дней у меня не было никаких слов. Мой родной, единственный родной русский язык оставил меня. Было невнятное мычание, повторение чужих слов, метания по страницам интернета и тупики. Сейчас, когда надежда покидает, а отчаяние поселяется в душе прочно, возвращаются слова. Сердце не вмещает страданий, разум отказывается переварить чудовищную правду. И Бог знает, что нам всем ещё придётся пережить. Но слова возвращаются. То, от чего я бежала 32 года назад, накрывает меня. Я знала, что струшу и хотела отодвинуть тест. Ясно было, что в России рано или поздно надо будет выйти на улицу, забыв о благополучии семьи, м. б., о своей свободе. И я тогда была не готова. Но я никогда не пряталась от правды. Знать я не боялась. Так меня воспитали.

Мой отец родился в Бердянске, он рассказывал мне, что его братья были репрессированы. Он так никогда и не узнал, что старшего, почти незнакомого ему, расстреляли в 1938-м, а среднего любил и уважал безмерно. Дядя Миша вернулся в Ленинград во время оттепели, незаконно. Реабилитировали его только в конце 60-х. Это отдельная история. Он не рассказывал своей младшей дочери и внукам о репрессиях. О том, почему жили они то в Геленджике, то на Сахалине. Мне родители рассказали. И ещё я знала, что в Париже у мамы есть двоюродные сёстры. Один раз пришлось соврать в анкете при приёме на работу, этого стыда не забуду никогда. Устраивалась на работу по знакомству, распределения мне не дали, несмотря на «красный» диплом. Так же как не забуду, когда в ответ на мои восторги однокурсница назвала «Испанскую балладу» Фейхтвангера сионистской литературой. Просто в разговоре с глазу на глаз. А я в ответ промолчала. До сих пор не знаю: она меня предостерегала или действительно так думала?

Помню, как мама в 1972-м рвалась уехать в Израиль, тогда там врачи из России могли сразу работать без экзамена и без иврита. Отец не смог себя заставить уехать.

Хочется говорить без конца, а надо ведь что-то делать.

Мама родилась в Киеве, учила в школе украинский. Была староста класса, «hолова», она была худущая, её поддразнивали: hолова без тулова. В 1937-м умер её отец, мой дедушка, и старший брат забрал их с бабушкой в Ленинград. Спас от Бабьего Яра, но зато досталась им блокада. «Гоп, кума, не журыся / туды-сюды поверныся», – напевала мама, когда хотела меня подбодрить.

Я стараюсь, мама.

1 марта 2022

ИТАЛИЯ 2022

1.

Спуститься по узкой прохладной лестнице
на круглую площадь,
с одного бока обрамлённую бухтой,
войти в соседнюю дверь,
вдохнуть разноголосый запах свежего хлеба,
напоминающий об экзотических цветах,
в следующей лавочке купить ricotto gentile
и две груши,
маленькие и твёрдые, но уже сладкие.
Подумать, как я здесь оказалась?
Представить себе дерево, усыпанное крепкими
                                        желтыми грушами,
похожими на ёлочные игрушки.
Подняться по всё ещё прохладной лестнице, 50 ступенек,
выйти на балкон
и прочитать в телефоне про то,
что случилось в Украине за ночь и утро
и после смотреть на бухту, её синюю, искрящуюся воду,
смотреть,
пока на глаза не набегут
злые, похожие на маленькие груши,
слёзы, и не выкипят на уже разгоревшемся
                                        средиземноморском
солнце, не долетев до земли.

2.

У моря листья инжира
пахнут зелёно-синим,
напоминая живо
Геленджик и безделье
после первого курса,
там не было только пиний.
Добавим Ладисполь в апреле
девяностого, как искусно
в нашей халупе солнце
съедало зимнюю плесень;
под пинией в продранном кресле
сидит отец, он не в курсе,
что опять в Европе.
Что если он там гоняет
сейчас на трофейном КаЭсе˙
как тогда в 45-ом?
Альцгеймер, наверное, знает.
Для нас он закутан халатом
бухарским и отдыхает;
я на работе в Джойнте,
муж подрядился строить,
мама под кустом инжирным
занята нежирным обедом,
мальчишкам покой неведом.
На земле и в небе сиеста,
отец поднимается с места
и тихо уходит в Бердянск, домой,
где пахнет гефилте фиш и прочей стряпнёй,
а значит Песах и будет афикоман,
дальше туман.

---

* KS 750 – армейский мотоцикл вермахта, производился
с 1941 по 1945 гг. концерном Zündapp.

Уже мы ищем его всей семьёй,
ребятам беготня, суета, семь бед,
у мамы сердце и остыл обед,
я врываюсь в чужую сиесту с криками
– uomo vecchio, nero beretto?!!
не вижу белого света,
не жду ответа.
Чёрный берет скоро найден в канаве,
из дома напротив звонят городской управе,
потом в полицию,
муж, наверное, разозлится,
на меня за панику,
ничего не успевает случиться.
Отец приходит из ниоткуда сам,
мы не верим своим глазам,
он снова в кресле.
Пахнут пиния, солнце, инжир, все вместе,
к нам заходят гости,
ждём из Штатов известий,
где мы опустим кости.

3.

San Pietro in Vincoli

На этих ступенях
в январе 90-го мы разбили термос,
огорчаться не было времени,
мы с временем играли в прятки,
маскируясь под
римский демос
и одновременно
ахиллесовы пятки.
Горячий чай мимо,
бутерброд всухомятку
ради свободы и Рима.
Здесь теперь
Моисей — на вынос,
усох до 3D копии,
нет, не тот в отдалении,
в окружении Рахели и Леи,
а отдельная голова его
на всеобщем обозрении;
можно
на кофейный столик,
на стену гостиной,
и не требуется корпия,
это насилие, по счастью, бескровно
и, как всякое насилие, беспричинно.

+35 по Цельсию, пот над бровью
и жара, и холода жало
подтверждают: человек — слаб,
впитываю иронию комплекта:
осколки нашей свободы
и Микеланджело —
пленный раб
искусственного интеллекта.

Июнь 2022

КАК-ТО ТАК

И. пишет в ФБ про оливки сорта арбекино,
Ш. — о добре и зле в русской литературе,
в комментарии он называет войну войной,
и я начинаю беспокоиться за него.
З. вспоминает копчёный палтус
дембелевских времен в Мурманске,
В. и П. поминают рано ушедших мам,
я тоже вспоминала маму в апреле,
на третий месяц войны,
а вчера похвасталась внучкой,
которая пошла в девятый класс,
С. пишет об экскурсии
по питерским коммуналкам,
по ленинградским знаменитым пригородам,
а Ирина Евса написала, что 22 августа

по Никополю выпустили 42 снаряда из «Градов»,
ранены четыре человека.
Вражеские снаряды повредили детский сад,
магазины, аптеки, рынки, суд и автовокзал.
Из-за обстрелов произошло пять пожаров —
их уже ликвидировали спасатели.
Также выведена из строя линия электропередач,
без света остались порядка двух тысяч человек.

Сразу плёнка благополучия и нормальности
в фейсбуке начинает плавиться,
расплываются и становятся неразличимы
все буквы и слова, все планы
и, кажется, даже воспоминания.

Август 2022

■ ■ ■

Утром свет по стволам прибрежным стекает в пруд,
а к полудню пруд отраженьем платит с лихвой,
я бы ствол обняла, приросла и осталась тут,
на шершавую кору упав головой.

У прибрежной ивы много милых сестёр,
незаметно станет больше сестрой одной,
ива плохо горит, не надо её в костёр,
плакать зато хорошо над водой, водой.

Август 2022

ОСЕННИЕ СНЫ

В голове роятся пчёлы/слова, мелькают, жалят,
не обретя ещё ни смысла, ни звука;
меня выслеживают, загоняют и окружают,
сеть набрасывают, невелика наука.

Вот я — «в домике», где ничего не решаю,
некого защищать, поздно бить посуду,
отмолчала своё, прозевала — горе шарику-шару,
он подожжён, пламя уже повсюду.

Или это клёны вспыхивают отважно
красным, жёлтым огнем когтистым,
чтобы потом стоять в пепельном камуфляже,
каждый вьюгой обруган, ветром освистан.

Или я — девушка с веслом в опустевшем парке,
все ушли на фронт или куда далече,
по домам развели детей, пообещав подарки,
гипсовый снег сыплется мне на плечи.

Сентябрь 2022

■ ■ ■

Осенние бабочки, стрекозы, жухлые мотыльки,
божья коровка, упавшая с неба? с ветки?
Как перезимуют её пятнистые детки,
дождутся ли старики?

Сажаю её, как всегда, на ладонь — лети,
она притворяется мёртвой, спящей,
осень обманывает теплом томящим,
последним у зимы на пути.

Война сжигает сердце, жжёт губы/уста,
беспомощность — новая, главная из утех,
а пепла, посыпать голову, хватит на всех,
на всех, кто горе оплакивать не устал.

Божья коровка взлетает, летит, летит,
знак ли это, что есть надежда, заступа,
у стариков будет крыша, тарелка супа,
у деток — мама с папой и аппетит.

Октябрь 2022

■ ■ ■

Начиная с определённой точки, возврат уже
невозможен. Этой точки надо достичь.
Франц Кафка, «Афоризмы»

Эта точка достигнута и далеко позади,
не награда, но и не утрата;
когда понял, где ты, если можешь — иди,
а не можешь — дорогу освободи,
что крута и поката.

Отдышись на обочине, если удержишься там
от паденья, скольженья,
отвечая мычанием родственным заткнутым ртам,
ослеплённым кротам,
узникам продолженья.

Если примет обратно дорога, то — в путь,
направленье вертляво, как флюгер,
продолжай наобум, напролом, как-нибудь,
только б ветру не сдуть, не смахнуть
твой шажок неупругий.

Неужели казалось, что движешься по прямой,
как вдоль свеженаписанной строчки,
из дорожной канавы глаза хорошенько промой,
обведённые долгих бессонниц сурьмой, —
ты достиг этой точки.

Январь 2023

■ ■ ■

> *Клетка пошла искать птицу.*
> **Франц Кафка, «Афоризмы»**

В поисках воли застукали клетку,
в поисках птицы,
птица научит качествам редким —
реять, садиться.
Хочется клетке с ветки на ветку,
в небо и выше,
ветер сквозит между рёбрами клетки,
душит — не дышит;
нет ни полета, ни воли, добавим
смежные цели:
птицу поймаем, смириться заставим —
не преуспели.
Клетке судьбы не отвешено славной —
только в передней,
в пыльном чулане с лопатой и шваброй
свары и сплетни.

Январь 2023

∎ ∎ ∎

Ты уверяешь, что в России слишком
сосредоточены на своих замученных и убитых,
на сгинувших в лагерях, похороненных неизвестно где,
что пора оставить это позади,
смотреть в будущее, надеяться на молодёжь...
Да, но ведь Сталина не повесили вверх ногами,
он даже не застрелился, может быть,
захлебнулся в своей блевотине.
На его похоронах рыдали, предвидели конец света,
прорываясь к мощам, топтали друг друга,
правда, потом его выбросили из мавзолея,
да и то, наверное, только потому, что его там присутствие
невольно напоминало о коммуналках,
в которых ютилось счастливое послевоенное
поколение.
Ты говоришь, Англия в 16-м веке
была так же кровава, как Россия при Грозном.
Но где же наша Магна Карта?
Вот и рабство, которое чума извела в Европе
в 14-м веке, здесь ещё только маячило на горизонте,
а потом не прерывалось больше, чем на два поколения.
Мы не рабы, мы — рыбы,
плывущие в океан по рекам памяти,
пока не пересохнет последний ручей.
Да, форель разбивает лёд, раскрывается трилистник,
tristia и чётки поминают лебединую стаю,
шум времени аккомпанирует тяжёлой лире.
Мы рождены, чтобы Кафку...

Ноябрь 2022

■ ■ ■

«Культура — это память», — приговаривала мама,
памяти Бог мне не дал, кроме короткой самой,
вот и не помню, что внушали в советский школе,
разве что несколько строф о Куликовом поле
у нежного, неисправимого «имперца» Блока,
который, если и падал, зато и летал высо́ко.
Ещё помню вырезанную в прокате сцену
                                        из «Андрея Рублева»,
где призрак Феофана говорит: «Повторится снова
и снова братоубийство, будут рушить города,
                                        поганить храмы».
А ребят ещё нарожают мамы.

Апрель 2023

∎ ∎ ∎

Я давно хожу вдоль Сены, Арно, Темзы, сегодня —
                                                   вдоль Тибра,
тридцать лет и три года копилась моя свобода,
на каком языке, не разберу, промелькнули титры,
но понятно — не лезут в воду, не зная брода,
ясно всякому, кто хоть немного знаком со свободой,
кем ты не стал, оставаясь двоечником-уродом,
пелена упадает с глаз каждый раз с новым нашествием
варваров, от которого не спастись автостопом,
Рафаэлем, Караваджо, Тицианом божественным,
всё утонет в жуткой воде потопа;
чувствуешь себя, если не каином, то всё равно причастным
окаянству, и плачешь и прячешь ненависть —
всё того же зла слепую прислужницу —
за спиной мелкий бес, его неуёмная несыть
рыгает ракетами, снарядами тужится.
Тридцать лет назад Рим казался путём к решению,
смотришь на платаны, снова пробуешь быть счастливым,
но видишь не радугу завета, не свет пришествия,
а херсонскую крышу и диван, прибитый к Одессе приливом.

9 июня 2023

ЭРИЧЕ

Слушаю в Эриче райских птиц,
сицилийскую сладкую речь,
наблюдаю стрижей
стремительный блиц.
Нечего себя беречь —
всё мне велит — пой,
пой, ведь поют Саша Кабанов,
Ира Иванченко,
архангельской взведены трубой,
стоишь на плечах титанов —
пой,
каких ты особенных ждёшь минут,
что ты напрасно взвинчена,
ничего не происходит с тобой,
тебя не бомбят, а дом
твой
так давно покинут,
что его и вспомнишь с трудом.
Пой — Киев и Бердянск велят,
проплывая сквозь память,
как сквозь Эриче быстрые облака,
здесь родился отец, там — мать,
нечего бока
проминать —
прогудело полётом дрона/шмеля,
чувствуешь страх семерых козлят,
молчанье ягнят,
сердце, чай, не из олова,
значит должна рука
трогать буквы и выводить слова.

Май 2023

■ ■ ■

Сны мне выхолостила война —
этой шлюхе пришлось отдать
параллельную жизнь, что во снах жила, —
ни отец не снится, ни мать.

Даже друг не снится, какие сны,
когда ночью в Украйне день,
никакой ностальгии — горя, вины
шапка полная набекрень.

Не боец я словесных и прочих битв,
я — улитка на склоне Фудзи,
кроме Оккама, много есть разных бритв,
но судьба сказала: ползи.

Мне не нужен ни флюгер, чтобы найти
направленье, ни GPS,
если зло окажется впереди,
обойду по краю небес.

Обыграю тихим ходом его,
даст Бог, переживу вождя,
хоть улитку так раздавить легко
тёплым утром, после дождя.

Март 2023

МАРТ 2023

> *На лбу высоком человечества*
> *Войны холодные ладони.*
>   **О. Мандельштам (1923)**

То дождь, то снег, то ветер бешеный,
то — солнце, как нарцисс, приветственное;
стихами делимся, как брашнами,
среди чудовищного бедствия.

Нечеловеческое пучится,
на части рвёт тела и души
тех, кто достоин лучшей участи,
и тем печальнее, тем горше.

Где год пройдёт кровавой поступью —
всех поголовно окровавит,
нарциссов не спасают россыпи,
и смерть бесстыдно ко́су правит.

Уже и откупаться нечем нам,
стыдом и страхом совесть гонит;
на лбу клеймёном человечества
войны холодные ладони.

Март 2023

Мне отвечают мёртвые, живые

■ ■ ■

Не матерится, не курит, не пьёт вина,
до чего же, скажут, жизнь у неё пресна,
и чему это она отдана, верна —
мужу, сыну, другу, жужжанью веретена,
одиночеству выпитому до дна?

Там, на дне, когда туда доберёшься сам,
ты увидишь, не поверишь своим глазам,
небо плещется и луна в нём, как большой сазан,
и ушедшие навсегда, а как будто на полчаса,
подают из вечности голоса.

И тогда, всё равно, хоть пей, хоть кури траву,
хоть мимоходом, к слову, матерни братву,
или пресно живи, как я живу —
отвечая на зов, кого-то сама зову —
удивляясь мотовству своему, щегольству.

2021

■ ■ ■

В 68-м, когда в отечестве стало душно,
когда оно дулом своё развернуло дышло,
я повзрослела и стала к нему опасливо равнодушна.

Где одна шестая чертила пределы,
там друзья и семья мне латали душу и тело,
чтобы любила я только то и тех, кого любить хотела.

В этом было, как водится, вдоволь счастья и муки,
милостивая судьба брала меня на поруки,
любови мои оказались сильней разлуки.

И, как мне рано пришлось узнать, сильнее смерти,
пока я живу, я вас люблю, поверьте.

Апрель 2023

ПАМЯТИ ДРУГА,
КОТОРЫЙ ЛЮБИЛ ЖИЗНЬ,
СТАРШУЮ ЭДДУ И РЫБАЛКУ

А. К.

Возьми в дорогу из моих ладоней
всё, что пропустит мир потусторонний
в специальное окно для передач,
иначе мне уже и не представить,
свидания не обещает память,
и в пенье муз вплетает женский плач.

Начнём с наивных школьных посвящений
и всех несостоявшихся скрещений,
неупомянутых, тогда запретных, тем;
вот ворох снов, потрёпанный изрядно,
и выцветшие фото стройотряда,
где ты ни с кем, а я, увы, не с тем.

Что ангелы? Стоят как часовые?
Стоят на страже, чтобы не забыли,
куда идём, не повернули вспять.
По эту сторону добро и зло смешались,
кого просить, кого давить на жалость
хранить от бед, но, нет, не охранять.

Где с пенной чашей ходят Фригг и Один,
нет выхода, но вход зато свободен,
там шутят, ловят рыбу для души.
Ты не скучаешь, нет к тому привычки,
мне ж тосковать и расставлять кавычки
в имейлах, где ты мне желал: пиши.

2021

ПАМЯТИ Г. А. Ш.

1.

Жаль эти пальцы в артрите, ногти с облупившимся
                                        красным лаком,
жаль ненаписанные воспоминания,
                            запутавшиеся в паутине
беспамятства — об эвакуации,
                        о работе над «синим» Блоком,
о тётках — дягилевских балеринах в Париже
                                    и в Аргентине,
о женихе, ограбленном и убитом
в экспедиции на корабле, в каюте,
о блокаде — съели кошек, потом собак любимых,
об Ахматовой, Лидии Гинзбург —
                        великих антисоветских людях.
Кто будет помнить гостеприимство, хлебосольность,
материнскую невостребованную ласку, упрямство
в достижении цели и школьность, вольность,
кокетливую, ироническую улыбку, постоянство
в дружбе, широту, душевную щедрость,
студенческую, в Гарварде, постановку «Ревизора»,
вдовью растерянность после похорон и крещендо
сиротства, попытки спрятаться от позора
старости, болезней, унизительных для души и плоти.
Прямая спина — но дворянства оборваны нити, —
помада, и неизменное — одиноко, на — как живёте?
И пальцы неухоженные, в артрите.

2.

> *И паутины тонкий волос*
> *Блестит на праздной борозде.*
> **Ф. Тютчев.**

Почитаю Вам сегодня Тютчева,
ничего мне не придумать лучшего,
чем стихи об осени читать,
сразу вижу проблеск понимания,
вместе мы проходим испытание,
и кому здесь повезло, как знать?

Я бросаю этот круг спасительный
в глубину, где память о родителях
тонет, о друзьях, учителях,
в ней тону и я, когда, не узнана,
взгляд ловлю, искусно и искусственно
о делах справляюсь, о болях.

Но когда silentium ответит мне —
а душа сквозь это точно свет в окне —
я читаю, чтобы не погас
тонкий волос паутины тютчевской,
он сейчас — замена лучшей участи —
только и соединяет нас.

2017 – 2020

■ ■ ■

Анне Агнич

Снова липы цветут оголтело,
снова дождь их пришёл поливать,
не ищу благодарнее дела,
чем под мокрою липой стоять.

Сердце бьётся о рёбра, как море,
кровь гоняет волны солоней,
растворяет и гордость и горе,
добираясь до самых корней.

Нет ни близкой войны, ни далёкой,
страха нет, хоть сейчас умирай,
спой, пчела, мне своё караоке,
мокрый лист будет пропуском в рай.

Мокрый лист и цветов бледно-жёлтых
с ног сшибающий запах густой,
что искал, потерял, всё нашел ты
в этом запахе, вот и постой.

Будто вовсе ты здесь не специально,
просто нынче такое кино,
собеседник провиденциальный
где-то, бедный, заждался давно.

2018

■ ■ ■

1.

Ноябрьский одуванчик, совсем как мы с тобой,
смеётся желторотый, а, глядь, уже седой,
он всяким тёплым утром обманываться рад,
а если снежной пудрой накроет вертоград,
он без нытья и жалоб смиряется с судьбой,
обманут, но не жалок, совсем как мы с тобой.

2.

Прошлогодние листья застряли в снегу,
прилегли, как этруски, в расслабленных позах,
нежно-хрупкие, черенок к черенку,
изгибаясь в улыбках резных несерьёзных.

Вся смиренная ласка загадочных пар,
безоглядно и гордо ушедших в иное
измерение — это пример, это дар,
наставленье для павшего духом изгоя.

Их увидишь, и тотчас вернётся к тебе
март в Черве́тери, дождь и вагончик-могильник,
увозящий навечно в края, где судьбе
невдомёк разделять нас на слабых и сильных.

3.

Неутомимый гомон воробьиный
в кустах, едва стряхнувших снег метели,
разгул и удаль — нам бы половину —
отпраздновать, мы тоже уцелели.
А что ещё? Всё то же, друг сердечный,
у них любовь и солнечный припадок,
в их перекличке — точечной и вечной —
нет и следа разборок и заплаток.
Я слышу их чириканье и трепет
промёрзших крыльев — это позывные
из детства: do you want to know a secret?*
Мне отвечают мёртвые, живые.

2019 – 2020

---

* Слова известной песни группы The Beatles.

■ ■ ■

Памяти N.

Не забыть эту первую с тобой сигарету,
тайный дымок «Сълнца» или «Опала»,
стройотряд, глухомань — сбиты запреты,
днём — бетон, ночью — пляски, сил хватало.
Обольстительно невинны, свободны,
бескорыстны и безоглядны были,
шли на зов любви, не зная брода
и не понимая, кого любили.

Сны не лгут, тем более без причины,
их бояться, в лес памяти не соваться,
мы тебя, как жертву, судьбе вручили,
оборвали нити сестринства, братства.
Расходились по одному, реже по двое,
исчезали надолго по глупости,
горечь была, было время подлое,
все — любили, никто не оттащил от пропасти.

2021

ОТЦУ

Прости, что возвращаясь с похорон,
наверное, считала я ворон,
не помню как тебя мы хоронили,
как опускали в яму гроб,
забыли
мои глаза.
Был летний день, и тех, кто там стоял,
я тоже помню смутно.
Матерьял
для снов теперь.
С тех пор, кого бы я ни хоронила,
я хороню тебя;
твоя могила,
твой камень с лаконичной строчкой дат,
как позабытый вечностью солдат,
стоит в строю.
Клубится лес вокруг, но отступает
перед нестройным строем,
голубая
над ними громоздится крутизна,
куда уже и взгляд не достигает,
а здесь индюшек диких стая.
Знак,
что говорю с тобой не без ответа?
Так много лет прошло,
и это лето
не оборвало странный диалог,
ты тоже пошутил бы, если б мог.

2017

■ ■ ■

Дай мне света зимнего, любого,
мутного ли, перламутрового,
дай мне луч короткого заката
в парке, где я вечно виновата,

где в любую жгучую минуту
дерево устремлено к зениту,
где кусты объятья распростёрли
всем, кому глотком сдавило горло.

Сойки дятлам криком отвечают,
двигаюсь, меня не замечают,
встану, закричат ещё сполошней,
я не ястреб, но, конечно, лишний,

к жесткому приникнув изголовью,
белки занимаются любовью,
значит март у нас не за горами,
что то в этом марте будет с нами?

2019

МАМЕ

1.

Сопричастна всему,
хоть спустя рукава,
заглядывала во тьму,
пока ты была жива,

оправдывала сюжет,
насвистывала слова,
во тьме находила свет,
пока ты была жива,

встряхивалась поутру
молиться, качать права,
знала, что не умру,
пока ты была жива.

2.

Достоевский был с логикой не в ладах
и досталось ему за то,
что он белой ночью, строча впопыхах,
любоваться хотел звездой,

ты честила его, но читала всего,
зная точно, что не любить,
было слово в начале, а до него
ничего могло и не быть.

Ты всю жизнь корила себя пото́м,
что не слала Зощенке слов
утешения в чёрном сорок шестом,
став безродной в сорок восьмом.

И когда Яновского поп уморил,
и в тюрьме затих Ювачев,
тебе Веничка «Петушки» подарил,
отпустил тебя Горбачев.

Богоравный Гоголь и вечный Хармс
знали жизнь твою вдоль-поперек,
«Нос» читала тебе я в последний раз,
но уж, видно, было не впрок.

Снились Черчилль с Эйнштейном тебе сам-друг,
не подруги и не родня,
а в стихах ты ценила мысль, но не звук,
да и то лишь ради меня.

Вот бы там, куда ангел уносит всех,
ты увидела их опять,
это было бы краше райских утех,
да и чувств там больше, чем пять.

За тобой пришли и за мной придут,
незаметный пришлют конвой,
в этом есть и логика и абсурд,
мне оставленные тобой.

3.

ШЛОШИМ*

Ела? Ела?
ты вдруг спросила почти сурово,
кажется, в половине второго,
на пути из этого
в тот ослепляющий свет,
ела, я отвечаю, твой обед,
и гуляла, как ты велела,
и ещё, мне шестьдесят пять лет,
не волнуйся, не бойся,
я с тобой опять,
буду ночевать,
как же я была неумела,
устраивая твое уставшее тело,
в колыбели последней,
как я тебя вертела,
на спину, на бок, хотела
отдалить наступающую тишину;
твоих ясных мыслей
размотался клубок,
из ковчега вылетел голубок,
и тебя укачала,
колыбельная без конца и начала,
я бы тоже спела,
да голос мой нехорош,

---

* Шлошим (иврит) — тридцать, так же в иудаизме называется
традиция отмечать тридцать дней после похорон.

только ждущую им не спугнёшь,
ты уж меня, неразумную, не учи,
дай тебе нашепчу
то, о чём скорблю,
что у нас не принято было
называть словами —
я тебя люблю,
мы с тобой, ты с нами.

4.

ПОРТРЕТЫ

Солидный бант, красавица трёх лет
в сознанье чар своих косит чуть-чуть,
смотрю на киевский фотопортрет
и вижу твой почти столетний путь.

Жизнь тридцать лет нечаянно сморгнёт —
блокадный мор, дело врачей, ТБ* —
портрет в студийной шляпе-вертолёт,
фотограф силу угадал в тебе.

А вот ещё один, в иных краях,
когда, казалось, ты была без сил,
ирония и мудрость на паях
следили, чтобы страх не подкосил.
И с внуками — обняв юнцов двоих —
глядишь вперёд и видишь дальше их.

---

* ТБ – туберкулёз.

5.

Из киевского детства довоенного,
тобой рассказанного, мной (уже) растраченного,
мне светит солнце сверх обыкновенного,
и деревенское выглядывает, дачное.

Туда везли мешок пшена из города,
а у хозяйки — молоко и тыквы,
и ты не помнишь так ли было голодно,
но только речку, печь в избе и мальвы.

Мальчишку помнишь робкого и наглого,
скоблёный стол, горшок томлёной каши,
и головы у вас обриты наголо,
евреи-дачники уж не такие страшные.

Деревня пыльная, дни — бесконечно длинные,
жизнь вольная и всё же настороженная,
с мальчишкой стычки в зарослях малинника,
коса хозяйки, кренделем уложенная.

2019

ТРИ НОВЕЛЛЫ

Александре Дашевской

1.

АННА-БАНАНА

Анна-банана, так себя называет она сама,
переходя незаметно с русского на английский,
отвечая на вопросы какой сегодня день, какая страна,
до Орловской области отсюда путь не близкий,

так же как до лагеря для перемещёных лиц,
где она мыла полы семь лет и была довольна,
кто сказал, что мечты не сбылись, сбылись,
ещё кто бы подвёз домой, сын с невесткой

                                      спешат не больно.

Немецкий не пригодился, хоть выучила его тогда
незаметно, но с недетской прививкой цинизма,
а вообще ей везло, сначала в Баварии на бирже труда,
и потом, когда не догнала её побеждающая отчизна,

Анна-банана крута на двух языках,
своих в обиду не даст, отобьёт хоть колом из тына,
сына бы принесли подержать на руках,
сын приходит, но другой, огромный детина,

да что там, почти старик, конечно,
                              он же с пятьдесят второго,
сколько ему лет — да не больше времени,
когда плыли на пароходе, укачивало сурово,
на берегу оказалось, что им беременна.

2.

МР. ТЭНГ

Пространство коридора преодолевая,
мистер Тэнг помогает себе, семеня ногами,
позади его кресла тянется невидимая кривая
пути, протянувшегося из Тайваня
в Калифорнию, где он стал врачом и биохимиком,
работал, лечил детей и сам двоих родил,
табличка у двери в комнату сообщает,
                              что он серьёзно знаком
с поэзией Тан, её особенным языком,
что любит Пекинскую драму,
                         которая и опера и цирк немножко.
В столовой мистер Тэнг аккуратен,
                      только салфетки рвёт пополам,
экономит бумагу, и всегда съедает всё
                            до последней крошки,
такие знакомые, неотвязные привычки прошлого.
Мистер Тэнг не жалуется, говорит тихо, как в библиотеке,
он склонён вперед, и рука с тонкими пальцами
                               плохо слушается,
Какие стихи он перебирает в памяти, прикрывая веки,
Ли Бо? «о природе, жизни и человеке»?

3.

СЭМ

Сэм, как дитя, благодушен,
лысая голова, лицо круглое, немного одутловатое,
он и похож на большого ребёнка,
долго, сосредоточенно рассматривает предметы,
ест очень медленно, отвлекается
и после двух-трёх ложек перестает совсем,
если его не кормить.
Сегодня у Сэма день рождения, у него гости,
он поглядывает на них ласково,
сын поздравляет отца по скайпу,
голос в телефоне слышен плохо,
и Сэму повторяют слова,
вообще-то он больше любит дочь,
уже не говорит об этом, но ещё три месяца назад
упоминал её в каждом разговоре,
он был милым собеседником —
глуховатый, но обходительный джентльмен,
гордящийся дочерью, которая то ли хотела стать,
то ли стала врачом, какой отец не гордился бы.
Теперь Сэм целыми днями сидит в столовой и ждёт,
когда придет милая —
дочь, подруга дочери, внучка —
девушка, кстати, навещает его каждый день,
приходит с пакетиком
из Данкин Донатс, говорит —
я приду завтра, — и он ждёт её.
Сегодня Сэму девяносто три,
вся семья соберётся поздравить его в воскресенье,

будут смеяться, пить кофе, вспоминать детство,
шалости, любимые игры,
угощать его тортом — он любит сладкое,
и никто, конечно, не заговорит об Аушвице.
Сэм будет устало и смущённо улыбаться,
как большой ребёнок.

2019 – 2020

Не о любви

■ ■ ■

Перемножим числа, вычтем, разделим, сложим,
в итоге — простые дроби, не за что брать с поличным,
жизнь мне досталась похожая на повторный обжиг,
жара не выдержу — уцелеет черепок, шершав и коричнев.
Все знают правду, а где она эта правда,
двойников — тьма, похожих и непохожих,
сегодня бьёмся друг с другом за свою единственную,

а завтра

понимаем, что дрались за одно и то же.
Правда проходит стороной, бойцов чураясь,
она, наверное, вообще о другом, нет у неё героев,
она за лесом, за полем, короче, за краем,
мы и в спорах правды-истины не нароем,
но всё, что заслужили, останется с нами —
наши добро и зло, пока мы и память живы, —
их не смоют ни солёные наводнения, ни цунами,
то ли дело счастье — блики лёгкой, цветной наживы.

2018

■ ■ ■

Чуть пригреет и вспомнишь,
хоть кажется — ерунда,
но, подумай, любовь не бывает
прошедшей, последней,
даже если тщета
заливает
сквозь щели в передней
жизнь саму —
дом на сваях,
и скорая помощь
не едет по вызову,
что уж
любовь.
Но в момент непрозрачной тоски
в глаз и в бровь
полыхнет вдруг светящейся гранью,
ослепляя страдание,
как они, впрочем, близки
в тесноте темноты.
Эй, с косой в капюшоне, кто ты?
Не проси, не зови,
опирайся на твердь,
на носочки вставай, на носки,
дотянуться до первой любви,
побеждающей смерть.

2018

∎ ∎ ∎

1.

Давай посмеёмся и перейдём на ты,
каких ещё дистанций недостаёт,
за столько лет хватило нам немоты,
и слов уже осталось наперечёт.

Хочу ли тосковать молодой тоской,
не утоляемой письмом и звонком,
я научилась видеть себя с тобой
в стекле, с утра подёрнутом холодком.

2.

Нет у меня ненависти и гнева
Тем более праведного разлива,
Иногда, с торопливостью недоучки
Я могу выжать дождь из тучки.

Что мне с этим делать, поверь, я не знаю,
Ты говоришь: будь проще, брось эту заумь.
Я уже просила простоты у неба —
Нет у меня ненависти и гнева.

3.

Ласка, нежность — пленные зверьки
женского опасливого рода,
не достать рукой твоей руки,
не пустить зверушек на свободу.

Голубь до тебя не долетит,
утомится, к вечеру вернётся
с веткой из далёких палестин,
приголубь уж там кого придётся.

4.

Выйду под мелкий дождик, секущий полдень,
осень приму под кожу, и в кровь, и в лимфу,
путь не выбран ещё, а ведь казалось — пройден,
посмотрю на облака, бегущие в рифму.
И довольно, и сразу вспомню, как ты мне до́рог,
облаков прочтением, равно-душием — душ раве́нством,
Долгим молчанием после отрывочных разговоров,
Незавершённостью, граничащей с совершенством.

2018 – 2019

L'ELISIR D'AMORE

Как бы ни был смешон эликсир любви,
                              с чем бы не был смешан,
со святой мошеннической водой, или с чем покрепче,
ты всю жизнь искал его, весел и безутешен,
с любовью в сердце вставал и засыпал под вечер.
Допивал его из горла́ до последней капли,
пока любовь кокетничала жестоко и равнодушно,
и всегда не доставало чуть-чуть,
                              чтобы не наступать на грабли,
не терять голову, сплетню в дверях подслушав.
Отчаявшись, ты готов был уйти в солдаты
за тридевять земель — утешиться в объятиях смерти,
но у тебя хватало глупости и бравады
верить в эликсир — ну что вы смеётесь, черти.
Una furtiva lagrima* закипает, полощет горло
тенором, тетеревом, и вот уже любовь бежит к тебе,
                              задыхаясь,
ты раскланиваешься, думаешь: наконец попёрло,
занавес падает, и концовка оказывается совсем другая.

2013

---

* Скрытая слеза (итал.), ария из оперы Гаэтано Доницетти
«Любовный напиток».

ДИАЛОГ

Одна говорит,
у меня было много мужчин
всегда,
начиная с детского сада,
Костя свистеть учил,
Митя совал мне яблоки, булочки,
смешно и досадно,
как будто мне было надо;
проводить меня
стояли в очереди,
я — темнила,
дразнила в глаза
просто так или за прыщи,
реже благоволила,
когда хотела
допускала к телу;
Ты не думай —
четыре раза
была замужем,
выбирала лучшего
из лучших,
потом наскучило,
теперь ищи свищи.

Другая говорит —
у меня было много любви,
начиная с детского сада,
булочки отдавала Саше,
яблоко подвигала Гале,
воспитательниц тоже
любила, но они были выше,
недосягаемей,
любила улицу Марата,

троюродного брата
из Минска,
деревья в Павловске;
в мальчика влюбилась
в четвёртом классе
скрытно, восторженно,
но, конечно, все всё знали,
разве иначе можно,
дух захватывало,
как на качелях,
радовалась даже
драке портфелями,
зная, что это ничем не кончится;
ела в столовой пончики —
сахарная пудра над смуглой губой,
дщери Иерусалимские —
говорила сама с собой,
слова сбегались гурьбой.
Песнь Песней,
повесть повестей,
любви оказалось больше,
чем мужчин и детей.

2019

■ ■ ■

Когда я гибла откровенно,
когда не замечала горя,
мне море было по колено,
по щиколотку было море,

потом сама вставала в угол,
не дожидаясь наказанья,
кто этой участи пригубил,
не ищет точного названья,

что это было — тупиковый
в трёх соснах путь или глоток
свободы участи и слова —
уже без разницы, дружок.

2018

■ ■ ■

Нет, это я не о любви,
о чём тогда? сама не знаю,
о том, что, как ни назови,
я не ищу и не теряю,

о том, каким я вижу свет,
не близким, не в конце тоннеля,
он прорывается в ответ
моим вселенным параллельным,

у этой силы световой,
меня обнявшей и хранящей,
подчас бывает облик твой,
а голос — раз в году, не чаще.

2018

■ ■ ■

В понедельник утром она спит непривычно крепко,
и будильник в половине седьмого
выдергивает её, как репку,
почти из мира иного —
отвезти его на вокзал,
соблюсти ритуал,
уезжая на пару дней, ненадолго,
он не любит путешествовать налегке;
проверить банку супа, чтобы не потекла в рюкзаке, —
поверхностный интеграл семейного долга.

Можно было бы притвориться спящей,
или заснуть по-настоящему,
под гул воды, пока ты бреешь
незаросшую за ночь щёку,
но так образуется брешь,
в которую ухают годы, сбившиеся со счёту,
поэтому я неурочно воскресаю, встаю
в понедельник ясный ли, мутный,
оказаться ведь можно в аду, в раю,
в любую непредвиденную минуту.

2019

■ ■ ■

Тебя не назову я
Ни радость, ни любовь...
О. Мандельштам

Восторга труды, может статься,
промотаны не вполне,
в реестре щенячьих градаций
осталось доступное мне,

любое попробую зелье,
но только опять мне позволь
не радость, любовь, не веселье,
а подлинность речи и боль.

2020

Марсиева
флейта

■ ■ ■

Порвался лета праздничный подол,
когда ночной совиный ветер дул
и ловко выметал прошедший год.
Начнём с начала: яблоки и мёд;

растопим горечь, обыграем тьму,
пообещаем всем — себе, Ему,
покуда не наложена печать, —
просить прощенья и другим прощать.

Вот облако разнежилось в пруду,
насвистывает птаха ерунду —
простой «чирик», а сколько правды в нём, —
вот с этого, пожалуй, и начнём.

2018

■ ■ ■

То звездой сырой, то цветком засохшим,
то песчинкой на берегу морском
задыхаемся от любви, но ропщем,
что не заглотить эту жизнь куском,

память бьёт ключом, приходи, глафира,
ты ли это, муза, стоишь в дверях,
тратишь время зря, когда ждёт полмира,
на безродных пугал и растерях,

что в авоське? ода, куплет, сонеты?
всё возьму, спасибо, даёшь кредит,
я должница твоя, мои песни спеты,
чай остыл, но всё-таки заходи,

дать поблажку опять согласишься, так ведь —
за оброненный где-то в спешке сыр —
чтобы мне ещё раз по вороньи каркнуть
в голубой, чужой, мировой эфир.

2020

■ ■ ■

Всегда есть чему завидовать, кому подражать,
куда заглянуть, любопытствуя и дрожа,
например, утром в окно, не разобрав ещё что к чему,
когда ты — то ли дождь, то ли племени птичьему
принадлежишь, летишь — не здесь и уже не там —
ещё не поёшь, но прорываться даёшь словам,
и нащупав рядом пустую, холодную простыню,
зарываешь в пепел горячий сон-головню.

2021

■ ■ ■

Где облака над озером клубятся,
гром погрозит и нехотя отступит,
и песнями о равенстве и братстве
сиренят птицы из прибрежных студий,

и стрекоза садится на колено
фасеточно, как будто между делом,
мешая то, что необыкновенно,
с обыденным, ещё не загорелым,

и дятел нам долбит своё о том же,
и контрабас лягу́шачий вступает,
но если ты не пень, то что-то гложет
и ноют старых операций спайки.

Днём ясно всё, а ночью необъятно,
и там, где чёрное граничит с белым,
волна скорбей отхлынет на попятный
и захлестнёт опять гремучим селем.

2020

■ ■ ■

Плачу и перестану, не обращай внимания,
стоит ли рефлексировать до вздутия жил,
жизнь в нашем прекрасном возрасте —

                              чистая клептомания,
плохо лежит — хватаешь, думая, заслужил.

Бусы стрекоз, ведь август не дорожит убранством,
от него не убудет, вот он и не следит,
мелкие волны озера сам на меня набрасывает,
яблоки под забором, облако впереди.

Сколько ни натаскаю, утром пусты ладони,
можно смотреть сквозь пальцы на себя и вокруг,
сети сетчатки ловят сосен неровный дольник,
сердце шаги считает, птицы летят на юг.

2020

■ ■ ■

Мне пеняют, зачем я о смерти пишу и так далее,
мол, по жизни пора достигать и ставить новые цели,
так ведь разве цель нам не с рождения дали,
только достигнуть её ещё пока не велели.
По дороге посажу дерево, рожу дитя, если повезёт, внука,
или парой строк вдруг соскользну с земного круга,
здесь, где я живу, про это не львы и хищные птицы,
а зима, которая, ветром срывая крышу, недаром злится.
Зиму я люблю, снег её, не мной замечено, —
                                        чистый лист и саван,
им не брезгует чистоплюй, рад ему неряха
                                        последний самый,
я, признаться, в чём-то похожа на них обоих,
сердце хочет работать чётко, но не может без перебоев.

2020

■ ■ ■

Щекочет запах скошенной травы,
и первый жаркий день спалил тюльпаны;
они сложили буйные главы
чубами вниз, ясновельможны паны.

И доцветает под окном сирень-
целительница, даром, что банальна,
и ландыши уже пронзили тень
необъяснимо, нежно, материально.

И дождь ночной, и птичьи голоса
сквозь утренний, понятный и без Фрейда,
сон.
    Нервная и терпкая весна,
звенящая, как Марсиева флейта.

2021

■ ■ ■

Я засну без высшей цели,
пусть приснится куст сирени,
но мозги поднаторели
в ожидании мигрени
и, страдать не уставая,
бредят жёсткой тренировкой,
чтоб душе, как птице в стае,
быть стремительной и ловкой,
чтоб она во сне узнала
путь бесплотный, восходящий,
и потом боялась мало
смерти тела настоящей.

2019

■ ■ ■

Так невидимый ручей перешагнуть,
чтоб ни всплеска; разве, может быть, чуть-чуть
кто-то всхлипнет, кто-то коротко всплакнёт,
тело душу нерадивую вернёт.

Ей неведомо, что дальше предстоит,
может, там сейчас на души дефицит,
и отправят бедолагу в новый путь;
ты, душа, мои сомнения забудь,

и весельем, что тебе недодала,
заполняй свои заботы и дела
и под скрипочку, не забывай, пляши,
нет занятия полезней для души.

2018

■ ■ ■

Художники любят уподобить
жизнь человека временам года,
всё так,
но у природы после каждой зимы
припасена новая весна,
а человек бессовестно умирает,
если только не полагать весной
внуков, правнуков, кому повезло.
Но это случается не всегда,
и душа отправляется странствовать,
порой, говорят, возвращается,
но весны и лета здесь ей уже не видать.

2018

■ ■ ■

Я боюсь умереть, не боюсь умереть,
это — любит-не-любит игра;
вот бы чеховской душечкой скорбную треть
протянуть, да не хватит нутра.

Можно кошкой гордиться, собакой болеть,
или просто жуком и шмелём
любоваться, но то, что сильнее, чем смерть,
не разбудишь в засохшем своём

заскорузлом, зажатом, привыкшем молчать,
под ледком, под его холодком;
а ведь было голодным, как стая волчат,
было щедрым, делилось пайком.

Отсвет жара осеннего, луч из окна,
упади мне на линзу зрачка;
пусть затеплит огонь световая волна,
и спалит гордеца, дурачка.

2021

■ ■ ■

1.

Жить хочешь? Держи эту осень покрепче и не выпускай,
когда она вздумает вырваться, перья и листья кроша,
и то же с любовью. Казалось — её через край,
а не уследишь, и споткнётся слепая душа.

Когда не угнаться за птицей, горящей огнём,
мы целимся выше, туда, где и видеть нельзя,
где даже любви не бывает и день убывает, и в нём
за тучами, в море, закатная тонет слеза.

2.

Люблю эту сепию осени поздней в лесу под ногой,
след прошлой и будущей жизни, почти перегной,
негромкую мудрость, уверенность в жизни иной,
и серых стволов то ли сон, то ли танец двойной.

В расселину памяти, в еле заметную щель,
ручей утекает, журча возле нищих корней;
помедлив, уходит, чтоб не обернуться, Орфей
в глубь осени, вечнейшей из преходящих вещей.

3.

Подарок осеннего леса подранку сует суеты,
подёнщик прогресса и стресса, не вольноотпущенник ты,
а просто прогульщик завзятый, удравший

от бдительных глаз,
с тенями играющий в прятки, от солнца рукой заслонясь.
В грибном побуревшем подлеске

с опятами солнечных брызг
к могучей сосне не по-детски прильнёшь —

так, чтоб слышала высь —
просить, чтобы сняли обеты, простили стихи и грехи,
об этом ещё, и об этом... Невидимы сосен верхи,
но ветра ответное пенье и веток торжественный гул
просящему дарят прощенье за весь прошлогодний прогул.

2020

■ ■ ■

Кто яблоко с облаком не рифмовал,
тот не испытал себя, не рисковал,
не проще ль поддаться соблазну,
и легче становится сразу;
запретного яблока как не вкусить
тайком или с другом/подругой,
а облако ветер несёт во всю прыть,
угнаться за ним и не пробуй;
срифмуем, авось не заметит никто
на вешалке смысла пустое пальто,
пока оно полнится ветром,
дыханьем и Ветхим Заветом.

2022

■ ■ ■

За то, чего в помине нет,
за то, чему ты смотришь вслед,
семь бед — один ответ.

За то, в чём ты не виноват,
за тех, кому сам чёрт не брат,
и зелен виноград.

За тишину реки, за твердь
небес, за призрачную треть
ещё гореть, гореть.

За обещания печать,
за честное — рукой подать,
за эту новую тетрадь
ещё молчать, молчать.

2017

■ ■ ■

На елях, потемневших от грозы,
лежит небесная флюорография,
проси кукушку, ласточку проси,
чтобы с диагнозом тебе потрафили.

Попробуй озеро уговорить,
пока оно тебя в себе баюкает
меж быть или не быть.
                       Забудем прыть
соревноваться с тишиною звуками.

Молчи, как музыка молчит во сне,
скрывайся на виду у всех насмешливо,
таи, укрой, храни на глубине
свидетельства аванса рукопашного.

2021

Серебристая мышь

■ ■ ■

Взяв на прикус серебристую мышь...
О. Мандельштам

Мышь серебристая сон у меня воровала,
и тем верней, чем я больше о ней узнавала,
там, где король с королевой живут на обоях,
всё обновляется ночью в их бледных покоях,
в сгибе рисунка невнятном, казалось бы, жалком,
спишь на боку, спишь во сне, подоткнув одеялко.

Ночь, как вагон, чуть заметно качает на стыках;
мышь серебристая, я у тебя на посылках,
чтобы уже не морочили книжки-тетрадки,
где сочиненья — пусты, предисловия — гадки;
слышишь, шурши, не догонят тебя на странице,
нету границ, только след под луной серебрится.

2018

ЧИТАЯ ИЛИАДУ

1.

*The intellect of man is forced to choose
Perfection of the life, or of the work,
And if it take the second must refuse
A heavenly mansion, raging in the dark.*

W. B. Yates[*]

Ахиллеса, Пелеева сына, мать Фетида любила сверх меры,
в школу девичью определила, не дарила
                                           военных игрушек,
всё равно не спасла быстроногого мать
                                   от военной карьеры,
только взлелеяла в нём, прекрасноволосая, гордую душу.

Так разгневался на Агамемнона он
                                   за похищенную Брисеиду,
так о павшем Патрокле стенал,
                               горевал исступленно и громко,
что, подобно врагам, искупали ахеяне горькую эту обиду,
а Фетида с Гефестом снаряжали на смерть
                                         исполина-ребёнка.

На Олимпе ругались и мерялись чином,
                                       что в местном райкоме,
и героев, как в кости, проигрывали,
                                     иногда оживляя для сечи

---

[*] Для выбора умом ты наделён:
Быть безупречным в быте иль в труде?
А выбравшим второе отведён
Не дом, а страстный поиск в темноте.

У. Б. Йейтс. Пер. с английского М. Рейза

новой, продуманной лучше, чем прежде,
                              изобретательней; кроме
того, между битв говорили герои и боги прекрасные речи.

То, что ответил Ахилл, возмужав, Одиссею в песне девятой,
отозвалось у Йейтса сквозь тысячелетия эхом
                              бессмертным —
жизнь посвяти дому, жене, длиннорунным
                              стадам и ребятам,
или на поприще трудном, забыв о покое, славу преследуй.

2.

Когда вдвоём читаем вслух Гомера,
гекзаметры и кровь из-под руки
текут сквозь строки наперегонки,
покуда бой не остановит Гера,
Кронида соблазняя красотой
и хитростью, пока меняют боги
свою лояльность и свои чертоги,
а время остается за чертой.

Победу верную вынь да положь,
бойцы порывисты и мускулисты,
и пожелтевшие гравюры Бисти
штрихом волнистым вызывают дрожь.
А юность вдруг так оказалась близко,
что кораблей надёжная прописка
легко сменилась, и они летят,
летят туда, куда ушли герои,
куда и мы уйдём на поиск Трои,
и, верно, не придём уже назад.

2020

«Счастливый Пушкин»*

Да полно, так ли был он счастлив в доме Брискорн
на Галерной/Красной/теперь опять Галерной?
Что, Жуковский? «Все в выигрыше и душа, и жизнь, и
поэзия»? Всё стало нестерпимо близкой
нелепой путаницей, сплетней безразмерной.
Кто был надменней, кто румяней и капризней?

Из жизней ловкая нарублена окрошка —
двухместные — с окном во двор, — и анфилада...
Наверное, будь это дом свиданий,
не стал бы возражать усталый Пушкин,
но постоялый двор с лепниной шоколада
и взбитых сливок? Этот номер Анной

назвали, тот — Каролиной, люкс — Елизаветой,
с добротной мебелью, не дребеденью.
И зеркала повсюду. Им Пушкин, что ли, выбирал обои?
А в комнате чужой стоять раздетой
неловко, зябко, лицом к лицу с разбуженною тенью
оправдываться, говоря с собою.

2018

---

* «Счастливый Пушкин» — название гостиницы в Санкт-Петербурге в доме Брискорн по Галерной (бывшей Красной улице), где в 1832 году поселились молодожёны Александр Сергеевич и Наталья Николаевна.

■ ■ ■

Ах, какие были слова: уста,
взоры, перси, ланиты, ножки.
Ах, ирония с любовью знали свои места,
не чета моей негустой окрошке.
Ветер, ветки, листья, осень, дождь —
джентельменский набор глиняного века,
дальше — мельче, и уже не ждёшь
музы, богини, где вы? Фонарь, аптека,
лошадиная морда, колючий стог,
соль, цыганка, монисто её простое?
Дым отсталых туч, *жолтый* закат — залог?
Или живо всё, или всё — пустое?

2017

■ ■ ■

Я рисую лесную шишигу
Для тебя на заглавном листе...
Б. Пастернак

Мне горбинка и челка от Анны,
Я с Мариной одной волны.
М. Э.

Будто перекрывают воздух
им обеим до немоты,
преклоняются и низводят
до разборок для ротозеев,
не распутав, не разумея
ни их радостей, ни страстей их —
мешковина и бумазея —
ни загадок, ни прямоты.

Были волосы чёрны, русы,
чётки были, перстни и бусы,
но первее всего искусы музы,
как бы она ни звалась;
возносили их и хулили,
всласть, взахлёб, в бога-душу-власть,
всё припомнили, всё забыли,
выжить дали, а то — пропасть,
снисходительно — или или,
хорошо ещё сохранили — строчек пясть.

И за то — исполать — спасибки,
золотые всплывают рыбки
лишь для тех, кто желаний полны
отдавать — всегда нараспашку —

бусы, перстень, книгу, рубашку
всем, кто избраны, призваны́.

Наугад открываю книгу,
боль спасительную — шишигу
вижу с буквами на листе;
что хотела сказать — забыла.
Под снежком на Каме могила,
в Комарово снег на кресте.

2021

Снег

...на мир!
на холод
на исчезновение...
Г. Айги

1.

Неопознанный снег
запачкан
неосторожно, необратимо
кровью, сажей,
саженями крови,
снег, как флаг,
как невидимой родины флаг —
белый на белом —
Малевича,
чёрный и красный —
Мейерхольда, Михоэлса.
Снег устаёт и тает,
кровь остаётся, ржавеет,
и сажа остаётся
сужать горизонт,
сожалением,
ссужать забвением,
или, иначе —
шарить молнией,
ширить яростью,
но снова приходит снег,
сажу и кровь укрывает,
на время
подменяя собою пространство.

2.

Со-бери этот снег,
со-твори со-товарищей мне,
со-зови, со-звони,
всё забито словами,
затянуто перистыми облаками,
всё небо в дымах,
вдыхаем и вы-
дыхаем,
вы-думываем, вы-глядываем
из-за полей и рек,
из-за давно забытого
страха, звука, слова
поднимается над землёй
новый страх, новый звук,
только слово останется
тем же, что тогда:
...на мир!
на холод,
на исчезновение...

2019

Выставка Брейгеля в Вене

Брейгель в Вене,
все, кто в теме,
в мыле, в пене,
ногу в стремя,
мчатся устремясь
на паромах-пароходах,
в поездах и самолётах.

В венах Брейгель,
время — бреет,
вечность веет.
Пахарь — пашет,
колос — зреет,
сон — совеет,
соловеет.

Брейгель — холод,
старший — молод,
снег, охота,
время года,
брашна, свадьба,
пляс до пота —
не работа.

Брейгель — чуткий,
с прибауткой,
у слепого
нету крова,
поводырь слепой.
ров — канава,
слева — слава.

Брейгель — вечный,
безупречный,
сколько люда
видит чудо,
до сих пор глядят.
Рассмотреть бы хорошо бы,
смотрим в оба.

Брейгель — башня,
Ирод, страшно,
краски, доски,
помнят Босха;
вот придут волхвы,
исключать из ЛОСХа*
на брегах Невы.

2018

---

* ЛОСХ — Ленинградское отделение Союза художников.

■ ■ ■

Я бы не справилась, как он их всех называл,
всех проходящих в нестройном строю перед ним,
на языке нам неведомом назван нарвал,
лев, муравей... он и сам получил псевдоним.

Ты не нашел, что искал, первородный Адам,
видел собаку и кошку, а проку-то что,
не от усталости ты говоришь по складам,
жжёт бесконечность, в которой ты все и никто.

Будет помощник, соратник, соперник тебе,
только придётся оставить ухоженный рай,
а бесконечность — попробуй её обыграй
в новой, уже укороченной жизни-судьбе.

2021

■ ■ ■

Чудо превращения — мучительно,
шутка ль тыкве стать каретой, а кроту —
кучером, все сказки перечитаны,
пролистать осталось только ту,
где сойдутся, как перед началом,
небо и земля, вода с огнём,
где причалит, а потом отчалит
лодка светлой ночью, тёмным днём.

2020

Такие дни

∎ ∎ ∎

Всё весной поддаётся соблазну,
я, как всё, тем же самым грешу,
пробиваю пласты всякой-разной
дребедени и что-то пишу,
упоённая воздухом.
                    Чаша
опрокинута, хватит на всех,
беззаконное пиршество наше
кем-то обречено на успех
кратковременный,
впору сезону,
вровень с жизнью сквозной, дармовой,
пробегающей по газону
бледным крокусом, робкой травой.
Мне призывное пенье лягушек,
размороженных тем же лучом,
оправданьем и пропуском служит,
а без них здесь и я ни при чём.

2021

■ ■ ■

Провозглашай свой приговор, ноябрь,
ярись, пугай, реви, впадая в раж, но
за жизнь я навидалась передряг,
и мне твое неистовство не страшно;
я пережду на перламутре туч,
в траве, ещё не отменённой снегом,
на медных листьях разыграю путч,
позвякивая меж землёй и небом.
Ноябрь банален, как ни посмотри,
зло мимикрирует под ноябри.

А что ещё ты можешь предложить
в конкретной точке, равноотстоящей.
О, если б кто-то повелел: транжирь!,
пока Пандора не сыграла в ящик,
потом на сердце положи валун —
пыл остудить, но врежет лихорадка
и вытянет семь певчих жил, семь струн,
и не захочешь — пустишься вприсядку.
Ноябрь, декабрь — привычный произвол, —
пляшу, зажав под языком обол.

2018

■ ■ ■

Пройдёмся по остывшему песку,
пляж обезлюдел, это время чаек,
их пиршества,
зевком сведённых скул
у рыбаков, которые скучают,
как на объекте дальнем часовой, —
о них уже забыли даже рыбы, —
пускай нас тащит ветер за собой,
а небо и земля круглят изгибы,
и тучи занимаются борьбой,
где свет и тьма царят поочерёдно.
Обнимем этот шарик голубой
и полетим, куда душе угодно.

2018

■ ■ ■

Под утро выпал лёгкий свежий снег,
обманчивый, как равенство и братство,
он разделил нежданное богатство
на вся и всех,

и даже тем, кому уже невмочь
превозмогать, кому ничто не мило,
он возвращает прошлое, точь-в-точь
какое было.

Всё ожило, и занялось игрой
в спасительные жмурки на котурнах,
и память колет тонкою иглой
акупунктурной,

и твой обет — за давностию лет —
привычное созвездье Ориона
переливается, как лыжный след
во время оно.

2019

■ ■ ■

Не оглядывайся, велит лукавое сердце,
не смотри вперёд, уверяет циничный разум;
горе мое луковое, куда мне деться,
не в зеркало же коситься на эту заразу,
занозу, зазнобу — теперь не знаю чью,
что-то знакомое во взгляде, хоть и расплывчатом,
то ли наивно-испуганное, заячье,
то ли слишком уверенное — за вычетом
тесной тоски столько ещё прекрасного;
эта весна, как огурец в пупырышках,
эта сирень, что всё вокруг перекрасила,
крестиком беззаботным вышила, одышливая,
эти длинные сумерки, с их тенями тающими,
и стрижи, когда над прудом заросшим
пикируя, становятся очертаниями
мостика между следующим и прошлым.

2019

∎ ∎ ∎

Характерный крик черноклювой гагары —
громкий и мелодичный вой.

Из Википедии

Для новой дружбы поздно, для любви тем паче,
и думаешь: ковид меня возьми,
где цели жизни, гордые задачи,
и нет желания слоняться меж людьми.

Всё изведя, теперь я время трачу,
которому предел не мной определён,
и как тут не попасть под скорую раздачу
заслуженных, увы, не собственных имён.

Вот исповедь морального урода,
которому зачем-то голос дан,
отбросив «мы», не именем народа
одной, которой бы? из трёх возможных стран,

чтоб милость призывать, покой и волю
лесному озеру, но слыша птичий стон,
откликнуться ему и, мелодично воя,
за облако заплыть и выйти вон.

2020

■ ■ ■

Для нас, для малых сих, для тех, кто рот
не открывает вовсе, от щедрот
своих Ты уделяешь этот день
тишайший — пусть возьмут, кому не лень,
последний золотой на голубом,
тот, неразменный, прежде чем на слом
пойдёт весь необъятный зыбкий храм
с прозрачным куполом, порученный ветрам.
Достанет этих солнечных монет
на все потёмки, как сказал поэт.

2019

Закат

...эта стихия, как гроза, как пожар...
А. Ремизов

К яростному ветру прилагается
яростный закат,
только ещё в тучах пробивается,
а уже стократ
разгорелся пламенным отчаянием,
надо закричать,
звать на помощь, но лежит молчания
странная печать.

Пролетели полем гуси-лебеди,
крестик-самолет
вяжет узкий бинт неловкой наледи,
но огонь — плывёт,
рвётся ветер, мечется, беснуется,
что твой пёс цепной,
гаснет пламя, вглубь темнеет улица,
словно рот цингой.

2021

■ ■ ■

Кролики, бурундуки, белки, друзья мои,
я суетлива, мелка́, будто вам сродни,
но это на первый взгляд,
ваши трудодни
дольше моих и опаснее,
заселяя землю, вороша её потроха,
вы — прекрасны,
достойны июльского ветерка,
сочной травы, наливающихся желудей,
я же — ленива;
не скажу про других людей,
но себе, увы, я привыкла прощать
кавардак, сумятицу, ералаш.
Времени намётанная праща
век мой выстрелит,
и с глаз долой его,
он так же короток, как и ваш,
если сравнивать с баобабом
или секвойей,
ваши будильники — ястреб, енот,
лисы-трудоголики —
заботятся, чтобы вы не перегрелись,
мир вам, белки, бурундуки и кролики,
надеюсь, у вас не бывает мигреней.

2018

■ ■ ■

> *Лицом повернутая к Богу,*
> *Ты тянешься к нему с земли...*
>
> Б. Пастернак

Жизнь оказалась в феврале возможна,
есть в повторенье новизны лоскут,
он на душе, как свежий подорожник,
залечивает грешную тоску.

Ещё темнеет рано, в одночасье,
и ничего живого не видать,
но синее на синем помнит счастье
и вспоминать рифмует с благодать.

И уступаешь этому напору,
и тянешься от замершей земли,
туда, откуда светит без разбору
на всех, кому итог не подвели.

2020

Утренняя прогулка

Машина для сбора мусора,
как несбывшиеся надежды жёлтая,
такая же громоздкая и тяжёлая,
и пахнет отнюдь не иллюзиями.
Лоцману этого корабля салют,
он отмахнётся
синей, в перчатке, рукой;
возле каждого дома тачки стоят,
он не прочь бы рулить любой;
его надеждам ещё предстоит сбываться,
он улыбается им застенчиво и белозубо,
в час заканчивается утренняя навигация,
по вечерам он моет в кафе посуду.

Повторю себе:
если любишь только недостижимое,
то, рассуждая строго,
рано сходить с дистанции,
напрягись всеми сердечными жилами,
научись, наконец, любить Бога,
хватит уже его бояться.

2021

■ ■ ■

Крутолобые сегодня облака
смотрят в озеро и видят молоко,
их младенческому взгляду не солгать,
но и клясться тоже нелегко.
Вижу белый свадебный венок
на зелёных кронах кучевых,
голубой бездонный потолок,
ангелов его сторожевых.
Поднимай стропила, улица,
взор – горе́ и душу вверх!
Растворим ворота и сердца,
входит осень с Тем, кто выше всех.

2017

■ ■ ■

Камни, вода, пустынные пляжи,
высокие гордые стебли сухой травы,
апрельское солнце не торопится заходить,
заливая сверкающие белым, ещё зачехлённые яхты,
поглаживая стволы беззащитно голого леса,
высвечивая изнанку маленьких городков,
выходящих к железнодорожному полотну —
сломанный трактор, ржавые баки, разбросанные,
                                    как игрушки, —
уходя, солнце подкрашивает розовым
грузные, но вполне мирные цеппелины облаков,
ветер стихает, и только поезд продолжает бежать,
и всё это — не живое и не мёртвое, прекрасное,
как сказка с нестрашным концом, —
на миг захлёстывает неутолённое сердце,
потом застревает в непроходимых ячейках памяти.

2018

■ ■ ■

Синие тени на первом снегу, и сразу
воздух запахнет корюшкой и огурцом;
пробую так и этак смешную фразу,
нет, не отвадить, значит, войдет торцом

неповоротливо в это стихотворение,
где всё смешается, будущее и прош.,
где эрмитажное звучное Гвидо Рени,
Пушкин — сказки, парк и миндальный корж;

назавтра подует солёный ветер, растает
нечаянный снег, за ним унесёт в океан
запах корюшки и огурцов.
                              Святая
простота памяти, объятье её, капкан.

2022

■ ■ ■

Достану луну с неба,
проколю, наконец, себе уши,
стану старой цыганкой,
чего же лучше;
будет всегда рядом
табор моих песен,
новый наряд красен,
голос в груди тесен,
словно по первопутку
сани,
легка походка,
но не проронит звука
свинцом залитая глотка.

2019

■ ■ ■

1.

Заката не получилось, туман поозорничал,
молчанье явило милость, и то, как ты в нём молчал,
не жалило, не болело, короче, не шло вразрез,
казалось обычным делом, как озеро, осень, лес,
с такой же заботой щедрой, с порукою круговой, —
и не разгадать, кто предал, а кто отпустил конвой.

2.

В прорехах утреннего сна зимой не распевают птицы,
чирикнет разве что одна — и в утешение приснится,
чтоб нам идти на звук, на свет,

                    сквозь чахлый день и ночь густую
туда, где лучше, где нас нет, пока никто не протестует,
пока совсем не замело снежком и памятью непыльной,
запишем строчку набело́ и будем жить легко, бессильно.

2017

■ ■ ■

Осень в этом году красива до боли
в наших краях и, как это бывает часто,
разделить красоту и боль — не хватает счастья,
удачи, терпения, просто силы воли.

Вот и падает дождь золотой мимо своей данаи,
а багровые листья, как искры, летят в лицо мне –
суета сует, но ты всё равно запомни —
ничего, что печаль прихватит и это знанье.

2022

■ ■ ■

Праздники катятся камешками с обрыва,
Ханука, Новый год, Рождество, игриво
Старый новый год, но, что бы со мной ни стало,
мне или всё равно, или толку мало.

Мало дней ушедших и вслед идущих,
мало детей и внуков, хотелось лучших?
Хватает сомнений, хватает хлеба и неба,
и слов, когда язык касается нёба.

Слов пока что хватает, и слава Богу,
путь бы ещё кремнистый — луну потрогать,
звёздной соли во всей красе и силе,
ещё, чтобы простили и отпустили.

2022

■ ■ ■

Присядь на дорогу, мне нравится этот обычай,
чтоб лучше запомнить момент этот тающий, птичий,
и чтобы на сердце не груз расставания едкий,
а сразу полёт, как у птицы, стартующей с ветки.

Помедли, душа, уходить из некрепкого тела,
ты в нём огрубела, но не до конца зачерствела,
дом не запирая и не оставляя ключи нам,
согрей на прощанье словами любви беспричинной.

2020

■ ■ ■

Такие дни стоят, что хочется молчать,
не искушать гармонию гармошкой
рифмованной строфы,
в цветок, расцветший невпопад, усталой мошкой
скользнуть и, затаив дыханье, ждать
конца отпущенной лафы.

А твой приют живой — разве не пленник он?
Не отменяет позднее цветенье
приход угрюмых сил
разъятья, холода, и тленья,
но в хрупкой капсуле почти не страшен сон,
который всех скосил.

2021

Где мой дом

■ ■ ■

Откуда у меня прислушиваться привычка,
на лестнице оглядываться, ступая тише —
пятый этаж без лифта ко мне отмычка;
«Голос Америки» еле слышен
из приёмника у капитальной стенки;
я сижу, прижавшись к папе, на детском стуле,
упираюсь локтями в коленки,
молча, чтобы спать не шуганули.

Век мой короток или день дольше века длится,
то и другое в направленьи заката,
жизнь скатилась, как по щеке ресница,
в воду между двумя когда-то.
Было когда-то или когда-то будет,
я всегда у реки, моря-океана
прячусь от неизбежных родин и судеб,
жду Левиафана.

2023

■   ■   ■

Раньше ты говорила: где родители, дети —

там у меня и дом,
отчизна, родина, хоть горшком назови — приду.
С тех пор семья увеличилась — мудрость далась трудом, —
прибавились несчётные пескари и черепахи

в ближнем пруду,
зимородок, серая цапля, длинношеяя с хохолком;
всё знает, набивает зоб и, когда над водой парит,
высматривая укромный угол, где осока торчит пучком,
она позволяет себе только лающий короткий хрип.
Умница, не скажет лишнего, с укоризной глядит
на гусей и уток, базарящих круглый год,
с ними тоже уютно, пускай галдит,
щиплет траву и гадит безобидный этот народ.
Родина, отчизна — отражение ивы в пруду,

стрижи над ним —
банально, оттого и близко сердцу всегда.
Ты повторяла, не понимая: не хлебом одним,
и опять, в назидание, тебя спасает вода.

2017

■ ■ ■

Не тоскую о детстве
неутолимо жадном
до ласки,
сытом, но одновременно жалком,
на любое средство
ради неё готовом
без подсказки
быть послушливым, образцовым.

Соединяю звенья,
включаю обратное зрение —
любовь отмеряли как снадобье,
как редкое удобрение,
чтобы задобрить зло,
чтобы дерево
усердно росло,
чтобы ствол был прям,
ветви густы,
плоды, если не многочисленны,
то чисты
от червоточин.

Но блокадой, сиротством, войной,
ярости кипящей волной
источник был почти обесточен,
жизнь пробивалась чудом,
вопреки кухонным пересудам,
оригинал смыло, остался подстрочник,
страх очередного цунами,
только временами
накатывало тепло,
и, если везло,
счастье было не за горами,

тогда в Крыму загорали,
жили в Литве на хуторе,
где никого не знали,
собирали грибы,
путали следы судьбы.

Катится детства
недолепленный колобок,
не услышавший говорок
дедушек-бабушек,
зато в ожиданьи лисы и волка,
только
не по зубам им камешек
детского сердца,
тоже всегда голодного,
знающего про пирожок с гвоздями,
не озабоченного новостями,
но уже/ещё не свободного.

2021

■ ■ ■

Жизнь велела говорить невнятно,
не эзоповым прозрачным слогом,
а таким, чтоб оставались пятна
серые на рубище убогом.

Речь и совесть не выносят фальши,
хоть все ногти обгрызи под корень,
что намешано в словесном фарше,
ешь, товарищ, и бывай доволен.

В средней школе правильно учили
физике, её законам зечным,
в комсомольско-пионерском стиле,
убеждённом, как автоответчик.

Будь готова, Таня, и не сетуй,
врут календари, ещё не вечер.
Что там, каторга в главе десятой?
И бежит возок вдоль Чёрной речки.

2017

■ ■ ■

Меня зачали через год после смерти Сталина,
ещё в коммунальной кухне звенело дело врачей.
Вспомнила мамину всегдашнюю горечь и представила,
почему отец не хотел, не решался иметь детей.

Старший брат сгинул в Гулаге, другой – на выселках,
космополит вернулся с войны и в лагерь не загремел,
немного американского стрептомицина и чёрта лысого
почти победили фронтовой туберкулёз, всего-то и дел,

Привез в коммуналку из санатория жену-евреечку
блокадную, тоже туберкулёзную, зато — врача,
очутился опять в больнице с кровотечением,
хорошо хоть было теперь, кому выручать.

Выжить на фронте и умереть от какой-то палочки
Коха казалось невероятным в тридцать-то лет,
но дело было плохо, и не для галочки
на комнату посматривал не один, из десяти, сосед.

Какие дети, когда в университетской лаборатории
прикрывают фронтовика от кадровика —
мол, он в больнице, дождитесь конца истории,
сам умрёт, умоете руки наверняка.

Только он не умер, назло кремлю и смольному,
вагоны на Магадан тоже порожняком ушли;
и упрямая женщина родила ему дочь намоленную,
чтобы помнила и любила, хоть на краю земли.

2021

Бабушка Муся

Вижу, как в зеркале, обратную перспективу улицы,
жизни в целом, сны вернулись, но записывать их
                                              не хочется,
перечитываю Чехова, за окном, кстати, воркуют горлицы,
представляю себя не в Ялте, а почему-то в Почепе,
о котором ведать не ведала, знать не знала,
пока не нашла про дядю Евсея, расстрелянного в Казани,
несколько строчек в базе данных Мемориала.
Семья Блантеров оказалась из Почепа, а наказание
и почести настигли следующее поколение
                                    уже в Ленинграде
и в Москве. Перебираю фотографии,
                          возле прабабушки в парике
пять дочерей расположились при скромном параде,
ещё ни одна не замужем, справа —
                        Муся с ридикюлем в руке,
во внучках быть ей дважды переименованной —
в Марию сначала, потом ещё дальше, в Марину.
Мусе повезло: любимого сына, Мишу,
                      не видела арестованным,
не погибла в блокаду, умерла в тридцатом,
                        подхватив стрептококковую
                                        ангину.

2019

Пярну

Всадник без головы
мчится среди песчаных дюн,
ты — юн, я — гамаюн,
оба мы одеты
в свои секреты
полишинеля,
как в латы;
твой пересказ незамысловатый
гудит полётом шмеля,
и звенит земля.
Мои стихи,
влажные от чепухи,
намекающей на грехи
десятилетней девочки,
откликаются немощью,
жаждой одиночки,
тайной нераскрытой почки,
но тебе представляются
творчеством, почти пророчеством.
Так пролетели —
стайкой, гурьбой —
три недели
неразлучного пляжного счастья,
прощаться
мы тогда не умели,
стали зато причастны
звёздному небу
над головой,
погрызли лунного хлеба,
видели эту и ту звезду,
пока закон небесный
находил-искал свое место
в нашем детском раю, аду.

2018

■ ■ ■

Лыжи, Павловск, хслодные бутерброды с сыром,
апельсин, поделённый на три части,
именно такой, моя Россия,
где аккуратно надрезанный апельсин папа чистит.

А вечером читает Тютчева с особенным выражением,
которое я тогда не до конца понимала,
чтение было оберегом, чуждого отторжением,
продолжением зимнего ритуала.

Чистота зимы, снег её — ещё не главное,
главное — вечернее под лампой чтение,
ровное биение сердец, дыхание плавное,
свет на всех трёх книгах, лампа, тень её.

Шёпот страниц, непроизвольный вздох,
                         взгляд, блуждающий
по-над книгой, почти случайный,
говорящий: сегодня воскресенье, подожди ещё
прятаться в тайники свои отчаянные.

2020

■ ■ ■

Кто первым, кто последним был, какая разница,
сквозь юношеский летний пыл декабрь не блазнится,
ладони натереть веслом и ногу ракушкой
порезать — не вселенским злом сквозит, и радуешься.
Шотландской юбки клеточка,
и не сутулиться
велит мне мамина рука, и просто — улица.
И всё вприпрыжку, всё — бегом,
а не заранее;
слова подтянутся потом — очарование,
вечерний день, прощальный свет...
Сезам откроется,
ни первых, ни последних нет — некому строиться.

2017

Вечная мерзлота

В. Ремизову

1.

Власть отвратительна, но ищет одобренья,
проснёшься, вздрогнешь, ведь страна не та,
Петровы в ковиде и вызывают пренья,
но вечная не дремлет мерзлота.

Она прабабка новых монстров склизких,
малы ей Конан Дойль и Стивен Кинг,
в её бесчисленных и безразличных списках
герои наших дней и книг.

Скрывали, думали, что одолели,
что спрятались, что май, и мир, и труд.
Не тут-то было, холод лезет в щели,
и по реке плывет несвежий труп.

2.

Мать дочурку увидит, но её не узнает,
когда ей дали восемь, дочке был год и пять,
из АЛЖИРа вернулась, не сказать, чтобы злая,
разучилась готовить и ещё обнимать.

Этот холод вморожен в позвонки и ключицы,
в кабинете без номера проберёт он меня,
кто-то в штатском предложит с мерзлотой обручиться,
но спасёт, не оставит источник огня.

2021

■ ■ ■

Не вышла на площадь, на стыд променяла горе,
но, оказалось, от горя стыд не спасает,
беги хоть за лес и поле, хоть за три моря
со скоростью Синкансэна, Стрелы, Сапсана.

Котлеты, борщи, а что ни пиши — пропало,
подённый труд на горло — собственно песни,
и в этом бою, когда опустишь забрало,
забудешь его поднять в амбразуре жизни.

Покой и воля давно в каталоге выгод,
везенье — успеть увидеть знакомый почерк,
а если в тоске смертельной ты ищешь выход,
находишь под ёлкой спрятавшийся грибочек.

2021

■ ■ ■

Навели на город неприкаянный наш
вечно-праздничный, потёмкинский макияж,
чтобы мы не сомневались и не думали —
нам показывают лучший город всея земли.
Рыбьим жиром он помазан царствовать или сна лишить,
и в его архивах золстоносны и зловещи залежи,
из каналов его и рек можно запить тоску
по мировой культуре.
Припадая к её куску,
отложи детсадовских утр, ленинских зачётов аршин,
абстрагируйся от ангин, школьных бормашин.
Улыбайся, пока от счастья не закружится голова;
за спиной у Мадонны Литта, за облаками течёт Нева.

2017

Открытка

В стереоскопе проходных дворов
складываю пазлы-открытки из чьих-то слов —
львы, грифоны, брусчатка площади; вижу реку,
перехваченную мостом, дальше — стрелку
Васильевского, набережную, дворцы.
Узнавали Рим, Флоренцию их творцы,
глядя в пёстрое, рябое лицо воды,
дождь и тогда нещадно заливал сады.

Помню, боялась ночи за то, что мост разведён,
вдруг — начнётся, а мне не попасть в роддом
на Петроградской. На самом деле,
наверное, просто мёрзла одна в постели.
Стервой стать не заладилось, пропадал запал;
со вторым было легче — рядом в кроватке первый спал.
Издалека город похож на бросившего семью отца,
или дядю, который обещал, что буду красавица.

2017

■ ■ ■

Я на зиму не жалуюсь, что там,
я, скорее, её патристом
поневоле считаю себя;
на морозом прихваченной горке
я жую апельсинную корку,
варежку теребя.

Шьёт и порет зима без подгонки,
вниз летишь на шершавой картонке,
ледяными ступеньками — вверх,
строго в очередь, всем ведь охота,
так и станешь её патриотом,
чтобы всё как у всех.

Языком на морозе к железке
прилипала по глупости дерзкой,
вкус солёный во рту;
молчаливой и косноязычной
стала, будто все дерзости вычли
платежом по суду.

Но, в порыве везенья ли, страха,
в коридоры мороза и мрака
вышла и заблудилась в лесу,
и уже не вернулась с повинной;
жизнь, как ящерица, половиной
обломилась, и всё.

Приросла, прижилась, загудела,
будто выдали новое тело,
как чужое на вырост пальто;
но зимой по привычке суровой
патриотом становишься снова
ни за что ни про что.

2022

■ ■ ■

Понедельник, что ли, взять на пробу,
всё начать сначала, чем чёрт не шутит,
вот моя дорога, мой путь особый,
начиная с младенческих, млечных штудий.

До свиданья, опыт, — а был ли опыт? —
память межпланетные шлёт сигналы,
прописные истины автостопом
убывают в мир бесконечно малых.

Комсомолкой ли, сообща со всеми,
я клялась бороться, и петь, и строить,
мне четырнадцать лет — оставаться в теме
в 68-м оказалось стрёмно.

А начало вдруг от конца так близко,
то — я снова с книгой в кустах сирени,
то — темнеет вытоптанная в снегу записка,
и её «прости» проницает время.

Ах, простиии-прощааай — распевает птичка,
а мерещилось — горы за поворотом,
раз уж Ты не выдал мне ключ скрипичный,
поскриплю пером на прощанье, что там.

2020

■ ■ ■

Июнь, повсюду птенцы разевают рты,
Life is beautiful — читается на плакате
под пейзажем сказочной красоты
в приёмной врача, как будто я виноватей
всех и не замечаю чудес вокруг,
а я и без того глаза проглядела,
но мне командуют: приосанься, друг,
вот тебе озеро, луг, россыпи чистотела.

Я лежу на кушетке, как ёж, в иголках,
под прикрытыми веками солнечной пыли мираж —
белый гриб, большой, вырос на песчаном просёлке,
вдоль которого телега везёт меня и чемодан-саквояж —
следом родители пёхом — до полустанка Пабраде;
ржавая подкова — держава, скипетр — длинноногий гриб;
мне и этого царства много, другого не надо,
не кончайся, мой хуторской магриб.

Не кончайся лето, не начинайся ложь,
муштра.
         Life is beautiful — мама и папа вечны,
молоды, мир на калейдоскоп похож:
яркий и не требует человечины.
Время стережёт пространство, в котором живу,
задыхаясь от счастья, тоски, ужаса, умиления,
и подсовывает свои нехитрые дежавю,
как слова забытого стихотворения.

2023

Сентиментальный романс

Пролетела гроза, и отстукал по стёклам град,
небо — серое в яблоках ждёт на пороге дня,
и кусты цветущие с птицами говорят.
А земля-то, земля здесь — обетованная.

На границе спросили, знаю ли я язык,
два-три слова, Шма Исраэль, слиха˙, простите меня.
Но народ жестоковыйный ко всему привык,
а земля-то, земля здесь — обетованная.

Высохнет потоп, кончится война и домой придут
правнуки тех детей, кому пепел родня,
зхут˙˙ у них, четыре моря, пустыня, земли лоскут,
но земля-то, земля здесь — обетованная.

2020

˙ Шма Исраэль, слиха — Молитва «Слушай, Израиль», извините
(ивр.)
˙˙ Зхут — заслуги (ивр.)

■ ■ ■

Я не знаю, где мой дом,
мне узка кровать,
подышу закрытым ртом,
буду крепче спать
в том последнем, что ли, сне,
в сине-голубом,
буду путать дождь и снег
над холодным лбом.

Я не знаю, где лежит
памяти предел,
будто каждый может жить
сколько захотел.
Все слова мои сожги,
письма, дневники,
встану я с другой ноги
у другой реки.

2018

ПОСЛЕСЛОВИЕ

Когда я дочитал последнее стихотворение рукописи «Длинных сумерек», моё впечатление от прочитанного обрело окончательную цельность и превратилось в формулу: это — книга. У Марины Эскиной получилась книга стихов, а не просто сборник.

Издания стихов могут строиться по разным принципам. Самый простой — хронологический. Когда порядок стихотворений в сборнике отражает время их создания. Читатель, хочет он того или нет, будет следовать за логикой жизни автора, чувствовать, как тот менялся и переживал внутренние и внешние волны событий. Но составителю — особенно, если это сам поэт — хочется от сборника большего, хочется структуры; ему нужно поставить рядом стихотворения, которые связаны глубинными связями, хотя их могут разделять годы. И он, обычно, отказывается от безопасного хронологического — ради куда более каверзных принципов, которые можно условно разделить на тематические и музыкальные. Он разделяет стихи на разделы, стараясь найти ритмический рисунок внутри каждого и одновременно выстроить общую архитектуру сборника. Получается, как правило, хуже, чем при хронологическом расположении. Если разделы строятся тематически, то рядом часто оказываются стихи, ритмически мешающие друг другу. Если же разделы подбираются по музыкальному принципу, то возникают перепады смысла и тематики на стыках. Опытные и чуткие к своим стихам поэты умеют худо-бедно справляться с этими трудностями — и получаются неплохие сборники. Неплохие, но не более того.

А иногда, очень-очень редко, автору-составителю удаётся чудо. Как это получается, не знаю. В таких случаях читателю кажется, что стихи не просто естественно следуют друг за другом, составляя разделы, но что и разделы составляют единое целое. Получается нечто аналогичное симфонии в музыке. Есть отдельные части, но ни одна из них не звучит сама по себе так же сильно, как целое, которое они составляют. Стихи не только не мешают друг другу, но — помогают, перекликаются, дополняют друг друга. И это чудо — книга. Книга стихов.

Вот Марине Эскиной как раз такое чудо и удалось. Большинство стихотворений, составивших «Длинные сумерки» я читал раньше, в журналах или в «Фейсбуке», некоторые слышал в авторском чтении, но в книге они зазвучали по-новому — и сильней.

Трагическая мелодия, заданная первым разделом («Войны холодные ладони»), проходит через всю ткань книги, ослабевая, становясь тише, потом снова напоминая о себе, и усиливаясь к финалу. Стихи этого, первого раздела меня, наверное, своей совокупностью больше всего задели за живое, заставили сопереживать. Они — зрелые и смелые. Автор не боится ни злободневности, ни явных прозаизмов, ни сложных, не сразу понятных литературных ассоциаций. Стыд за бывшую родину, превратившуюся в страну, несущую зло, боль и смерть, не покидает поэтессу, то и дело закрывает собой прекрасную Италию, где оказывается Марина (позволю себе отодвинуть игры с «лирической героиней»), или вполне устроенную, выстраданную годами адаптации американскую жизнь. «Война сжигает сердце,» — написано в стихотворении о бабочках, стрекозах и божьей коровке, и получается так, что это звучит не патетически, не торжественно, без натуги. Звучит так, что веришь.

Стихи следующего раздела («Мне отвечают мёртвые, живые») — много интимней, камерней. Они подобны второй, медленной, части симфонии. Автор говорит с теми, кто уже не может участвовать в земных беседах, но от этого мысленные диалоги с ними становятся лишь напряжённей, содержательней. Если стихотворения первого раздела наваливаются на читателя всей своей массой, составляют почти поэму или стихотворный цикл, то вторая часть богата как раз разнообразием и индивидуальной окрашенностью мелодий. Стихи в ней не похожи друг на друга, даже внутри одного цикла (например, «Маме») каждый кусочек звучит по-другому, после каждого тянет сделать паузу, подумать. И это хорошо: не надлежит торопиться, разговаривая с душами умерших.

Если стихи второго раздела я сравнил с камерной музыкой, то в третьем («Не о любви») каждое стихотворение подобно соло одного-единственного музыкального инструмента. Потому что этот раздел, несмотря на название, всё-таки — о любви. Просто любовь в нём не та, которая обычно порождает любовную лирику, она мягче и умудрённей, опытней, что ли. И не потому, что лирическая героиня уже как бы «по ту сторону любви», совсем нет. Но что-то кажется в этой любви пришедшим не от Эроса, а от Танатоса, потому и переход от второго раздела к третьему не вызывает у читателя (точнее, у меня как читателя) сопротивления. Но при этом я вдруг к концу третьего раздела лучше понял название второго. Он вполне мог бы называться и «Мне отвечают мёртвые, любимые». В этом и дело. В глазах любящего те, кого он любит, становятся бессмертными, вне зависимости от факта их физического существования.

В четвёртом разделе («Марсиева Флейта») снова слышен весь оркестр. При этом — раздел негромок, сдержан. Стихи этого раздела — самые традиционные для Марины. Они лучше всего связывают «Длинные сумерки» с её предыдущими сборниками; я узнаю в них голос поэтессы, которую давно знаю и давно люблю. Но они одновременно и перекликаются больше всего с традициями классической русской поэзии 20 века, особенно — его первой половины. Эпигонства нет, есть перекличка. А вот о чём стихи в этом разделе — сказать гораздо трудней. Хотя в них много внешних природных примет, они — не о природе. Хотя в них есть страх смерти, они — не о смерти. И не о поэзии, не о творчестве, хотя название раздела толкает в эту сторону. Нет, они — о тайне жизни. А поскольку тайна жизни, как и любая тайна, плохо понятна, то и тематические границы раздела размыты.

Следующая часть («Серебристая мышь»), пожалуй, понравилась мне меньше других. Я бы сравнил её с виртуозной, но не столь глубокой музыкой. Тут я позволю себе совсем кратко описать траекторию поэзии М. Эскиной — как я её вижу. Мне кажется, что от начальной простоты, прямоты, безыскусности, порой даже чрезмерной, её поэзия двигалась (и продолжает движение) к тонкости и изяществу. Как всегда в искусстве, ничто не происходит без потерь. Прямота ценна сама по себе. Но поскольку поэт не может не развиваться, то терять — нормально. Однако в движении к изяществу есть ещё одна опасность: изящество географически соседствует с вычурностью. Вот в стихах этого раздела, как мне кажется, граница между изяществом и вычурностью иногда оказывается перейдённой.

Зато в разделе «Такие дни» вновь возникают трагические мотивы начала книги. Его стихи — о боли. И об отношении автора к ней. Это — невесёлая, но сильная и чистая музыка. Никаких скидок самой себе, никаких поблажек. И никакой вычурности.

В последнем разделе книги («Где мой дом») по непреложному закону симфонии сходятся мелодии всех предыдущих. И появляется новая мелодия, которая, как мы вдруг понимаем, звучала и раньше, но только робко, подспудно — мелодия памяти, не дающей личности распасться в сумму фрагментов пережитого. На мой вкус, финал получился правильным: не слишком громким, без раскатов ударных, но энергичным и звонким. И обрывается музыка вовремя: больший объём книги был бы уже труден для читателя. Хотя и жалко немного — как всегда, когда заканчивается хорошая музыка.

Леопольд Эпштейн,
Бостон, 30 сентября 2023 г.

Содержание

ВОЙНЫ ХОЛОДНЫЕ ЛАДОНИ

МНЕ ОТВЕЧАЮТ МЁРТВЫЕ, ЖИВЫЕ

НЕ О ЛЮБВИ

МАРСИЕВА ФЛЕЙТА

СЕРЕБРИСТАЯ МЫШЬ

Марина Эскина
ДЛИННЫЕ СУМЕРКИ
стихи

Книга была сдана в издательство в сентябре 2023 года.

В оформлении использована работа художника
Соломона Эпштейна (1925 – 2021)

Редактор проекта *Алла Борисова-Линецкая*
Издатель *Виталий Кабаков*
Верстка и оформление *Юлии Дозорец*
Марка серии *Андрея Бондаренко*

Издательство «Книга Сефер»
Проект «Вольное книгопечатание»
https://www.knigasefer.com/
https://www.facebook.com/KnigaSefer/

(+972)502423452

ISBN 978-965-7848-03-6

**В ПРОЕКТЕ
«ВОЛЬНОЕ КНИГОПЕЧАТАНИЕ»
В 2022 – 2024 ГОДАХ ВЫШЛИ
КНИГИ:**

Карине Арутюнова «Как внутренняя стена дома»
Полина Барскова «Соскреб»
Анна Берсенева «Рейнское золотое»
Женя Беркович, Света Нагаева «Наголо»
Андрей Бинев «Расщепление ядра»
Дмитрий Быков «Вторая смерть»
Татьяна Вольтская «Дезертиры империи»
Татьяна Вольтская «Эффект отсутствия»
Владимир Гандельсман «Вещи»
Наталья Громова, Борис Белкин «На два голоса»
Юлия Драбкина «Времялов»
Михаил Дынкин «Ослепшие звезды»
Вадим Жук «Когда задвигалось и загремело»
Вадим Жук «Дождитесь меня»
Александр Кабанов «Исходник»
Катя Капович «Уходящие из лабиринта»
Владимир Каневский «Синий автобус»
Ксения Кириллова «Союзники»
Олег Костюк «Скорбь и Безумие»
Сергей Лейбград «Когда нигде»
Александр Самарцев «Легион»
Борис и Людмила Херсонские «Взрывная волна»
Борис Херсонский «Trisnia, Книга скорбных элегий»
Феликс Чечик «Оптика»
Виктор Шендерович «Дневник иностранного агента»
Виктор Шендерович «Ничего не бойтесь, все уже было»
Марина Эскина «Длинные сумерки»

*Книги можно приобрести в издательстве в бумажном
формате. В электронном виде книги доступны
в библиотеке Бориса Акунина, в Google Books и на сайте
издательства knigasefer.com*